BIRGIT KNEFELKAMP

Erlöse uns von dem Bösen

Birgit Knefelkamp

Erlöse uns von dem Bösen

Gottes Erlösungs- und Heilsvorhaben mit der Menschheit - in unserer Zeit verwirklicht

Bibliografische Information der Deutschen Nationalbibliothek:
Die Deutsche Nationalbibliothek verzeichnet diese Publikation in der Deutschen Nationalbibliografie; detaillierte bibliografische Daten sind im Internet über http://dnb.dnb.de abrufbar.

Herstellung und Verlag: BoD – Books on Demand, Norderstedt

ISBN: 978-3-7448-0170-6

2. Neuauflage der Ausgabe von 2017

Vorwort

Was steckt hinter der eindringlichen Bitte: „Erlöse uns von dem Bösen", die wir im „Vater unser" gen Himmel schicken?

Von wem oder was müssen wir erlöst werden? Wer ist der Erlöser? Wie wird das Erlösungsgeschehen vor sich gehen? Was an Ballast werden wir hinter uns lassen können, was an göttlicher Nähe und Segnung dazugewinnen?

Diese brennenden Fragen werde ich unter Einbeziehung meines persönlichen Erlösungsgeschehens biblisch fundiert beantworten. In meinen Ausführungen werde ich oft Bezug nehmen auf endzeitliche Deutungen der leitenden Körperschaft der Zeugen Jehovas und diese, soweit erforderlich, richtigstellen. Daher ist dieses Buch in erster Linie den Verantwortlichen dieser Glaubensgemeinschaft gewidmet, aber auch für alle Menschen ein hilfreicher Wegbegleiter durch das globale Erlösungsgeschehen unserer Zeit.

Ich bin im Jahr 1984 zur Glaubensgemeinschaft der Zeugen Jehovas gekommen und habe gleich zu Anfang ein ganz großes Erlösungsgeschehen durch die frohe Königreichsbotschaft erleben dürfen. Mit dem Hören der Botschaft fielen augenblicklich zentnerschwere Sorgenlasten von mir ab und lösten sich für immer in Nichts auf. Ich wurde von einer nie gekannten Leichtigkeit und einem einzigartigen Glücksgefühl beseelt und fühlte mich „in das Königreich des Sohnes seiner Liebe" versetzt (Kolosser 1:13).

Bereits nach dem ersten Bibelstudium mit einem Verkündigerehepaar war für mich ganz klar, dass Gottes Königreich kommt und schon bald zum Segen der Menschen über die Erde regieren wird - und ich zur himmlischen Königreichsregierung gehören darf: Überschwänglich vor Freude stellte ich fest, dass mir die neutestamentarischen Schriften so vertraut waren, als wären sie an mich persönlich gerichtet, bzw. als hätte ich sie selbst verfasst. Ich war und bin so überaus froh und dankbar für Gottes Erlösungs- und Heilsvorkehrung und meinem eingebunden sein darin, dass ich meiner Berufung bis heute treu geblieben bin.

Ich habe der Glaubensgemeinschaft der Zeugen Jehovas viel zu verdanken, denn die frohe Königreichsbotschaft ist die erlösende „geistige Speise" gewesen, die ich für mein Leben dringend gebraucht habe. Daher werde ich mich der Gemeinschaft im Glauben immer freundschaftlich verbunden fühlen. Ich verneige mich vor der Gemeinschaftsleistung dieser von Gott gesegneten Organisation.

Mein mehrjähriges Bibelstudium mit dem Verkündigerehepaar beeindruckte mich sehr und überzeugte mich vollständig, in ihren Reihen die biblische Wahrheit gefunden zu haben: Die frohe Botschaft von Gottes nahendem Königreich und die „Wiederherstellung aller Dinge" (Apostelgeschichte 3: 21). Mit der Zeit durfte ich aber auch erkennen, dass die endzeitliche Auslegung der Glaubensgemeinschaft in Teilen unrealistisch ist. Durch Schlüsselerlebnisse meines persönlichen Erlösungsgeschehens wurde mir deutlich, dass Abschlussgeschehen und Gerichtstag Gottes nicht so hart und unerbittlich sein können, wie es in dem Offenbarungsbuch der Glaubensgemeinschaft ausgelegt wird.

Dieser Glaubensvorbehalt war für mich so gravierend, dass ich der Gemeinschaft nicht beigetreten bin. Zwar besuche ich gern die lehrreichen und erbauenden sonntäglichen Zusammenkünfte und beziehe auch das Studienmaterial, aber mein Bibelstudium habe ich weitestgehend allein weitergeführt. Dabei hatte ich immer ein besonderes Augenmerk auf die endzeitliche Prophetie, womit ich das krisenreiche finale Abschlussgeschehen meine.

Bald wurde mir klar, dass ich in der Berufung stehe, an der Auslegung der Offenbarung mitzuwirken. Als Spätberufene habe ich den Teil der Offenbarung auslegen dürfen, der von den früher Berufenen der Organisation noch nicht klar gesehen werden konnte. Ihrem leuchtenden Beispiel folgend, habe ich in akribischer Kleinarbeit und Beharrlichkeit die endzeitlichen Prophezeiungen und Visionen so entschlüsseln und auslegen dürfen, wie es vom Standpunkt Gottes aus richtig ist.

Das Systemende naht – und mehr als acht Millionen gläubige Königreichsverkündiger weltweit gehen mit einer unrealistischen Erwartungshaltung in das Abschlussgeschehen. Zeit für die vollständige Enthüllung der Offenbarung, die reformierte Auslegung des endzeitlichen Geschehens!

Mit diesem Buch möchte ich der leitenden Körperschaft der Zeugen Jehovas, der ich mich im Glauben verbunden fühle, eine wichtige Orientierungshilfe an die Hand geben für das turbulente Übergangsgeschehen in Gottes neue Weltordnung – aber auch anderen Wahrheitssuchenden notwendigen Rat und Aufschluss vermitteln.

Ich versichere, Kraft meiner Berufung, dass meine Ausführungen zum Abschluss- und Erlösungsgeschehen der biblischen Wahrheit entsprechen und sich so erfüllen werden, wie Sie es auf den folgenden Seiten nachlesen können.

Haben Sie Vertrauen!

„Denn die sehnsüchtige Erwartung der Schöpfung
harrt auf die Offenbarung der Söhne Gottes".

(Römer 8: 19)

Mein Konfirmationsspruch:

„Ich will dich unterweisen und dir den Weg zeigen,
den du gehen sollst;
ich will dich mit meinen Augen leiten".

PS 32: 8 (Luther Übersetzung)

Biografische Daten meines christlichen Lebensweges

1984
- ERLÖSUNG durch die frohe Königreichsbotschaft
- Mehrjähriges Bibelstudium mit Königreichsverkündigern (Zeugen Jehovas)
- Persönliches Bibelstudium bis heute, anhand des Studienmaterials der Wachtturm Bibel- u. Traktat Ges. e.V. Selters/Taunus
- Besuch der sonntäglichen christlichen Zusammenkünfte in Bünde, seit 1996 Lübbecke (bis heute)

1990 – 2001
- Analysierung meines Erlösungsgeschehens und das meiner Zwillingsschwester (Biografiearbeit)
- Analysierung von Bibelversen
- Studium und Anwendung geistiger Heilslehren nach der Lehre Bruno Grönings

1998 – heute
  Auslegung von Bibelversen; Priorität Offenbarung

2002 - Sept. 2009
  Niederschrift meines Buches „Dein Königreich komme"

2008 – Dez. 2009
  Sonderurlaub für das Königreichsbuch

1984 – heute

Verkündigung der frohen Königreichsbotschaft:

-persönlich im privaten u. beruflichen Umfeld

-brieflich

1995 – 2011

Soziales Engagement:

-ehrenamtliche Betreuung einer Seniorin im
Seniorenheim Lübbecke am Kirchplatz

2011 – heute

- Krankenbesuche bei Senioren
- bei der Betreuung u. Pflege meiner Mutter geholfen (verst. 2016)

2013 – Nov. 2017

Niederschrift meines Buches „Erlöse uns von dem
Bösen"

2015 – Okt. 2017

- Sonderurlaub für das Erlösungsbuch
- die Betreuung meiner Mutter

INHALTSVERZEICHNIS

Einführung in die Erlösungsthematik

Nichts ist so sicher, wie die Tatsache, dass Gottes Königreich kommt! Es ist in greifbare Nähe gerückt und mit ihm ein weltweites Erlösungs- und Heilsgeschehen.

Raus aus Gottesferne, Ohnmacht, Elend und Not - zurück in die Gottverbindung und Segnung; an das himmlische Vaterherz – zurück zu Herzensfrieden, Weltfrieden, Gutglauben und ewigem irdischen Leben.

Diese wunderbaren Segnungen sind es doch, die der Schöpfer ursprünglich für die Menschheit vorgesehen hatte und ihr für die Zukunft auch in Aussicht stellt. Denn bald endet er, der „Umweg der Gotttrennung", der mit so viel Leid für die Menschheit verbunden war. Dann beginnt die segensreiche Zeit der „Wiederherstellung aller Dinge", die die erlöste Menschheit in Einmütigkeit mit Gott Vater und seiner Königreichsregierung gehen wird (Matthäus 19:28).

Wohl dem, der sich erlösen lässt und unter die geistige Führung und Segnung der Königreichsregierung Gottes kommt!

Wohl dem, der sich lösen kann von der geistigen Verstrickung ausgedienter Werteordnungen!

Tatsächlich kommt Erlösung nicht von ungefähr. Erlösung ist auf Gottes grenzenlose Liebe und seinem fortwährenden Heilswirken zu Gunsten der Menschheit gegründet. Nur der Erlösungs- und Rettungsvorkehrung Gottes ist es zu verdanken, dass sich das weltweite krisenreiche Abschlussgeschehen in ein Heilsgeschehen wandeln und aus Loslösung **Erlösung** werden kann.

Derzeit erleben wir, wie Jahrtausende langes Missmanagement in geballter Form auf die Menschheit zurückkommt. Wie sich die Menschheit mehr und mehr in Krisen verstrickt und auf eine dramatische Weltsituation zusteuert, aus der sie der Erlösung und Rettung bedarf.

Obwohl das turbulente Abschlussgeschehen jeden in schmerzlicher Form tangieren wird, ist es Teil des Erlösungsgeschehens: Es will der Gottführung in uns und der gesamten Welt zum Durchbruch verhelfen; es will uns vom ausgedienten geistigen Bezugssystem des Widersachers lösen, um uns für das von Gott kommende freizumachen. In dieser Zeit der geistigen Loslösung und Neuausrichtung wird der Herzensboden bereitet für die Segnungen in Gottes neuer Weltordnung.

Demzufolge ist jeder Mensch guten Willens eingeladen, ewig unter Gottes Königreichsregierung auf der Erde zu leben; ganz unabhängig davon, ob er vor dem Systemende die Königreichsbotschaft angenommen hat oder nicht. Entscheidend ist, wie er **nach** Christi Besichtigung und Reinigung, also **nach** seiner Läuterung im „Feuer des Loslösegeschehens" zum Königreich Gottes eingestellt ist (siehe Kap. 9).

So werden gemäß der göttlichen Verheißung, die Abraham aufgrund seines Gottvertrauens gegeben wurde, alle Nationen der Erde gesegnet werden (1. Mose 22:15-18). Auch die Menschen, die von den Segnungen in Gottes neuer Weltordnung abgeschnitten sind und in Opposition zur Königreichsregierung gehen, sind nicht verloren!

Für die Umkehr und das Leben jeder unerlösten Seele werden Christus und seine königlichen Miterben in der „Tausendjahrherrschaft" ringen (Offb. 20:4).

Gemäß dem endzeitlichen Verständnis der leitenden Körperschaft der Zeugen Jehovas wird in der „großen Drangsal" das gegenwärtige „böse System der Dinge" samt ihrer gottlosen Menschheit vernichtet werden. Ausschließlich der irdische Teil der Organisation Jehovas mit seinen Unterstützern werde gerettet werden (Matthäus 24: 15-22, div. Wachtturmausgaben; siehe Quellenverzeichnis).

Diese apokalyptische Deutung des endzeitlichen Geschehens ist mit dem Erlösungsvorhaben Gottes nicht in Einklang zu bringen. Tatsächlich kommt Christus nicht als Urteilsvollstrecker, sondern als Retter der Welt; er ist nicht Vernichter, sondern Erlöser der Menschheit; er greift nicht buchstäblich in das turbulente Welt-Abschlussgeschehen ein; er lässt es lediglich zu.

Aus den Worten Jesu Christi im Johannes Evangelium Kap. 3, Vers 16 (Luther Übersetzung) geht deutlich hervor, dass Gott Vater seinen Sohn nicht sandte, um die Menschheit *vor der Vernichtung* zu bewahren gemäß der Neue Welt-Übersetzung, sondern *vor dem Verloren gehen.* Die Luther Übersetzung mit dem Wortlaut - nicht verloren werden – gibt die Aussage Jesu Christi in dieser Bibelpassage wahrheitsgetreu wieder. Das bestätigt auch der nachfolgende Satz Jesu Christi in Vers 17, wo es heißt: „Denn Gott sandte seinen Sohn nicht in die Welt, damit er die Welt richte, sondern damit die Welt durch ihn gerettet werde."

Tatsächlich geht es nicht nur darum, die Menschheit von dem, der böse ist (Widersacher Gottes) zu befreien, wie es der Wortlaut der Neue Welt-Übersetzung in Matthäus Kap. 6, Vers 13 wiedergibt, sondern vor allem auch darum, die Menschen von dem Übel, dem sie anhängen, zu erlösen.

Insofern wird der Gebetsvers treffender in der Luther Übersetzung wiedergegeben, wo es heißt: „Erlöse uns von dem Übel, bzw. dem Bösen".

Der Apostel Paulus hebt die Bedeutung des Erlösungsgeschehens hervor, indem er über die sündige Neigung der Menschheit im Bibelbuch Römer Kap. 8, Vers 21 schreibt; die Schöpfung werde von der Sklaverei des Verderbens (Knechtschaft der Vergänglichkeit lt. Luther Übersetzung) freigemacht werden zur herrlichen Freiheit der Kinder Gottes. In seinem Brief an die Hebräer Kap. 2, Verse 14-15 schreibt er diesbezüglich, Christus habe durch seinen Tod den zunichte gemacht, der das Mittel hat, den Tod zu verursachen, den Teufel, damit er all die befreie (erlöse lt. Luther Übersetzung), die aus Todesfurcht ihr Leben lang der Sklaverei unterworfen waren.

Die Bibelverse belegen, dass die ganze Welt in der Macht dessen liegt, der böse ist und eines Retters und Erlösers bedarf. Dieser ist durch Jesus Christus offenbar geworden. Er ist von seinem himmlischen Vater für würdig erachtet worden, das Erlösungsgeschehen auf der Erde zu führen - den geistigen Bann der Macht Satans zu zerschlagen und seine Werke abzubrechen (1. Johannes 3:8, 5:19).

Wie geht er dabei vor?

Er lässt zu, dass die Folge von Ursache und Wirkung im endzeitlichen Geschehen ungebremst über die Menschheit hereinbricht, um geistige Verstrickungen im Machtimperium des derzeitigen Weltherrschers aufzulösen und systemische Zugehörigkeitsgefühle zu zerschmettern. Das macht die eigentliche Brisanz und Schärfe des Erlösungsgeschehens aus, dass sich die Menschen zu lösen haben von ausgedienten Denk-, Glaubens- und Lebensmustern, um die Gnade der Erlösung erleben zu können.

Erlösung geschieht auf geistig-emotionaler Ebene. „Geistig" steht hier nicht für rationales und intellektuelles Denken, sondern für die geistliche, spirituelle Nähe zu Jehova Gott oder seinem Widersacher. In dieser Hinsicht sterben Menschen vom ausgedienten geistigen Bezugssystem des Widersachers ab, um in das von Gott kommende hineingeboren werden zu können.

Erlöse uns von dem Bösen

„Unser Vater im Himmel!

Dein Name werde geheiligt.

Dein Reich komme.

Dein Wille geschehe wie im Himmel

so auf Erden.

Unser tägliches Brot gib uns heute.

Und vergib uns unsere Schuld,

wie auch wir vergeben unsern Schuldigern.

Und führe uns nicht in Versuchung,

sondern erlöse uns von dem Bösen.

Denn dein ist das Reich und die

Kraft und die Herrlichkeit in Ewigkeit.

Amen."

Matthäus 6: 9-13 (Luther Übersetzung)

Kein geringerer als Jesus Christus unterstrich mit den Worten seines obigen Mustergebetes den Erlösungsgedanken der göttlichen Rettungsvorkehrung. Wieso Rettung? Wovon Erlösung?

Durch Unabhängigkeitsbestrebungen des ersten Menschenpaares ging das Leben gebende, einmütige Verhältnis der Menschheit zu ihrem himmlischen Vater verloren, und sie geriet in die geistigen Fänge des Widersachers Gottes, dessen erklärtes Ziel es ebenso war und ist, unabhängig von Gott zu regieren. In überheblicher Weise schwang sich der abgefallene

Engelsohn zu einem Gegengott auf und nahm die Stellung des Allmächtigen ein. Seitdem beherrscht er die Gedanken und Gefühle der Menschen und somit das gesamte Weltgeschehen.

Im 1. Bibelbuch Mose, Kap.3, Verse 1-7 ist aufgezeichnet, wie er sich mit List und Tücke die geistige Vorherrschaft und Gefolgschaft ergaunerte.

Als Lügner, Totschläger und Urschlange wird er in der Heiligen Schrift bezeichnet, da er das erste Menschenpaar mit einem falschen Versprechen aus der Führung Gottes lotste und so den Tod über die gesamte Menschheit brachte (Johannes 8:44, Römer 5: 12,18, 19). Auch Worte wie: Widersacher, Drachen oder Ankläger kennzeichnen sein selbstsüchtiges und machtbesessenes Verhalten.

Er ist nicht bereit, die übergeordnete Stellung Gottes zu respektieren, seine überragende Weitsicht, Weisheit und Souveränität – seine Allmacht – die es erst möglich macht, so komplexe Systeme wie den Himmel und die Erde harmonisch zu regieren.

Um die aufgeworfene Streitfrage über die rechtmäßige Stellung Gottes im Universum ein für allemal zu klären, ist dem selbst ernannten Regenten Zeit eingeräumt worden, seinen Führungsanspruch unter Beweis zu stellen. Seitdem ist das geistige Bezugssystem des Widersachers Gottes das Vorherrschende; seitdem kämpft sich die Menschheit ohne den Rückhalt ihres himmlischen Vaters durchs Leben; seitdem wird sie von Krankheit, Alter und Tod gegeißelt; seitdem gibt es Unterdrückung, Feindschaft und Kriege in der Welt[1] (Epheser 2:2; 6:12, 1.Johannes 5:19).

---

[1] Siehe Quellenverzeichnis: Du kannst für immer im Paradies auf Erden leben – Kap. 2, Seite 16-22 und Kap. 11, Seite 100 - 104

Ein Rückblick auf mehr als 6000[2] Jahre biblisch nachweisbare Menschheitsgeschichte lässt das Ausmaß der Schreckensherrschaft Satans deutlich werden:

Unter seiner Führung haben sich ablösende Weltmächte mit ihren Eroberungsfeldzügen Angst und Schrecken in der Welt verbreitet, sind unzählige Kriege auf der Erde entbrannt, in denen Menschen entsetzliches Leid zugefügt worden ist. Allein im Ersten und Zweiten Weltkrieg des vorigen Jahrhunderts waren mehr als 100 Millionen Tote und Verletzte zu beklagen. Was für eine grausame Realität!

Heute geht es nicht mehr vorwiegend um die territoriale Vorherrschaft, sondern um die wirtschaftliche: Länder bzw. Staaten schließen sich zu Wirtschaftsblöcken zusammen, um im Wettstreit um das größte Wirtschaftswachstum gegeneinander anzutreten - zu Lasten der Ressourcen und der Regenerationsfähigkeit von „Mutter Erde".

Bereits heute haben die Folgen menschlichen Missmanagements ein besorgniserregendes Ausmaß angenommen: Klimawandel, Wetteranomalien, Schmelzen der Polarmeere und Gebirgsgletscher, immer häufiger und heftiger auftretende Erdbeben etc. sind ein Indiz dafür, dass die Grundfesten der Schöpfung ins Wanken geraten sind. Das ist der Preis für eine kommerzielle Werteordnung, die mit den Grundprinzipien der göttlichen Ordnung nicht viel gemein hat.

Der Apostel Paulus verdeutlicht mit folgenden Worten, wie sehr wir der Erlösung vom glorifizierten Unabhängigkeitsstreben bedürfen und dem Geist, der uns darin gefangen hält: „Denn die Schöpfung ist der Nichtigkeit

---

[2] Siehe Quellenverzeichnis: Einsichten über die Heilige Schrift, Band 1, Seite 490

unterworfen worden, nicht durch ihren eigenen Willen, sondern durch den, der sie unterworfen hat aufgrund der Hoffnung, dass die Schöpfung selbst auch von der Sklaverei des Verderbens freigemacht werden wird zur herrlichen Freiheit der Kinder Gottes. Denn wir wissen, dass die gesamte Schöpfung zusammen fortgesetzt seufzt und zusammen in Schmerzen liegt bis jetzt" (Römer 8:20-22). Mit dem Ausdruck „Sklaverei des Verderbens" weist Paulus auf den inneren Hang der Menschen hin, sich dem Weltgeschehen, bzw. dem "Geist der Welt" anzupassen. Und mit folgendem Zitat des Propheten Jesaja führt er uns vor Augen, wie kostbar daher das Loskaufsopfer Jesu Christi einzustufen ist: „Wenn Jehova der Heerscharen uns nicht einen Samen (heilige Nachkommenschaft Christi) gelassen hätte, wären wir so wie Sodom geworden, und wir wären Gomorra gleichgemacht worden" (Römer 9:29). Ohne Gottes Erlösungs- und Rettungsvorkehrung würde die Erde früher oder später durch das sündige Verhalten der Menschen unbewohnbar werden und sich die Worte des Apostels Petrus buchstäblich erfüllen müssen, die da lauten: „Doch Jehovas Tag wird kommen wie ein Dieb, an welchem die Himmel mit zischendem Geräusch vergehen werden, die Elemente aber werden vor Gluthitze aufgelöst..."(2.Petrus 3:10). Wir wären gänzlich ohne Hoffnung und verloren. Doch dank der Heilsvorkehrung Gottes ist diese Beschreibung nur ein Sinnbild für sich ändernde elementare Ordnungen auf der Erde - eine von Gott eingesetzte neue Weltregierung und eine erlöste, ihm zugewandte Menschheit. In dem Vers 13 gibt uns Petrus ja auch die prophetische Zusicherung: „Doch gibt es neue Himmel und eine neue Erde, die wir gemäß seiner Verheißung erwarten, und in diesen wird Gerechtigkeit wohnen" (s. Die Offenbarung. Ihr großartiger Höhepunkt ist nahe! Kap. 42, Seite 301).

Wir dürfen uns glücklich schätzen, dass unser himmlischer Vater so vorausschauend für uns gehandelt und seine Königreichsvorkehrung, sein Allheilmittel zur Rettung der Menschheit, ins Leben gerufen hat.

Verantwortlichkeiten

Wer ist verantwortlich für die ernst zunehmende Weltsituation, in der sich die Menschheit befindet?

Wer ist so schuldig, dass er es nicht verdient hätte erlöst zu werden und von den Segnungen in Gottes neuer Weltordnung zu profitieren?

Sind es die Herrschenden, die die Führung auf der Erde übernahmen oder die Menschen, die engagiert ihren Auftrag ausführten?

Gibt es nicht in jedem Menschen einen Funken des Guten - einen Gottesfunken - der darauf wartet, entfacht zu werden?

Wer ist also schuldig?

Sind es die Herrschenden, die mit vermeintlich guten Vorsätzen und Visionen die Macht ergriffen und dennoch versagten, weil ihnen der Ratschluss Gottes fehlte?

Oder ist es die Menschheit, die den Visionen glaubte, dafür kämpfte und dennoch enttäuscht wurde?

Sind wir nicht alle vom wahren göttlichen Weg abgekommen und fehlgegangen?

Sind wir es nicht alle wert, von Gott erlöst, angenommen und geliebt zu werden?

Der Apostel Johannes gibt in Kapitel 3 seines Evangeliums in den Versen 16-17 die Antwort: „Denn also hat Gott die Welt geliebt, dass er seinen eingeborenen Sohn gab, damit alle, die an ihn glauben, nicht verloren werden, sondern das ewige Leben haben. Denn Gott hat seinen Sohn nicht in die Welt gesandt, dass er die Welt richte, sondern dass die Welt durch ihn gerettet werde" (Luther Übersetzung).

Ja jeder, der in diesen kritischen Zeiten erkennt, dass er der Erlösung und der messianischen Königreichsführung bedarf und sich das aufrichtigen Herzens wünscht, dem wird dies auch zuteilwerden.

Das Gleichnis vom verlorenen Sohn

Das Gleichnis vom verlorenen Sohn, eines der schönsten und bewegendsten, symbolisiert auf geniale Weise das Erlösungsvorhaben Gottes mit der Menschheit (Lukas 15: 11-32).

Es enthüllt auf verständliche Weise die Etappen des Erlösungsweges und macht deutlich, wo wir uns im Strom des Zeitgeschehens befinden. Auch symbolisiert es anschaulich und zu Herzen gehend die weise, mitfühlende und liebevolle Haltung des himmlischen Vaters gegenüber der sich von ihm losgesagten Menschheit:

Der Symbolik des Gleichnisses folgend, ist es die Menschheit, die sich von ihrem himmlischen Vater lossagte, um ein freies und selbstbestimmtes Leben führen zu können; die mit ihrem eigenwilligen Macht- und Besitzstreben die Ressourcen der Erde geplündert und ihre Grundfesten ins Wanken gebracht hat; die sich in eine kritische Weltsituation hineinmanövriert, aus der sie sich mit eigener Kraft nicht herauszuretten vermag.

Der weiteren Symbolik des Gleichnisses folgend beginnt eine Leidenszeit, eine Zeit der emotionalen und buchstäblichen Entbehrungen, die der Menschheit die Augen öffnet für die Allmacht, Fürsorge und Liebe ihres himmlischen Vaters. Ihrer Sehnsucht nach Erlösung folgend, kehrt die Menschheit um zu ihrem himmlischen Vater, der ihr mit seiner rettenden Königreichsvorkehrung entgegenkommt und das Kindschaftsverhältnis mit großer Herzlichkeit neu begründet. Die symbolischen Geschenke, mit denen er sie in seiner grenzenlosen Freude überhäuft, versinnbildlichen, dass er sie als himmlische und irdische Königreichserben anerkennen und sie in großem Umfang segnen wird.

Gemäß dem Gleichnis führt der „Umweg der Gotttrennung" durch die weise Vorgehensweise unseres himmlischen Vaters zurück in seine liebevolle Führung und Ordnung. Die symbolischen Worte des Vaters in den Versen 24 und 32 verdeutlichen dies: „Denn dieser mein Sohn war tot und kam wieder zum Leben; er war verloren und wurde gefunden". Diese Worte deuten auf ein ganz großes Erlösungs- und Heilsgeschehen für die Menschheit hin. Auch für sie wird über diesen „Umweg" das einmütige, Leben gebende Verhältnis zu Gott Vater wiederhergestellt werden und sie Nutznießer endloser Königreichssegnungen sein.

Ja, dieser Weg führt zurück zu ewigem Leben - zu unsterblichem himmlischem Leben für Gottes Berufene und zu Vollkommenheit auf einer paradiesischen Erde für die allgemeine Menschheit.

Die drei Phasen des Erlösungsgeschehens

Wenn wir die übertragene Bedeutung des Gleichnisses genauer beleuchten, werden 3 Phasen deutlich, die das Erlösungsgeschehen begründen:

Die Loslösephase -
Zeit der Krisis und des Umbruchs, in der sich die Menschen in schmerzlicher Weise von ausgedienten Wertvorstellungen, Lebens- und Glaubensmustern lösen – in der sozusagen die „alte Persönlichkeit" erstirbt (Römer 6: 2,6-7; Amos 8:11).

Die Rehabilitationsphase -
Zeit der Sehnsucht, Suche, Erholung, Rückbesinnung, in der sich die Menschen nach Erlösung sehnen und die in den Augen Gottes edlen Herzenswünsche entwickeln - sozusagen die „neue Persönlichkeit" anziehen und sich Gottes neuer Weltordnung geistig-emotional nahen (Epheser 4:23-24).

Die Neuerlebensphase -
Zeit der Erlösung und Hochstimmung, der grenzenlosen Freude und des Glücksgefühls, in der Gott Vater selbst eintritt für die Herzenswünsche und Sehnsüchte empfänglicher, geistig reifer Menschen. Indem er durch geistgesalbte Personen zu ihnen spricht und seine Heilsbotschaften übermittelt – zum Beispiel die frohe Königreichsbotschaft mit ihrer wunderbaren Zu-

kunftsperspektive oder mit geistigen Heilslehren den Erlösungsnerv trifft (³„Es gibt kein unheilbar, Gott ist der größte Arzt", Zitat Bruno Grönings).

Allen Menschen wird über „den Umweg der Gotttrennung" ein Erlösungsgeschehen dieser Art zuteilwerden - sowohl den Menschen mit himmlischer, als auch denen mit irdischer Königreichshoffnung. Das kann ich mit voller Gewissheit sagen, da ich durch mein Erlösungsgeschehen und das meiner Zwillingsschwester (als irdischer Königreichserbin) auf Schlüsselerlebnisse zurückgreifen kann, die das ganz klar belegen. Die Erlebensphasen bis hin zur Erlösung unterscheiden sich im Wesentlichen durch Zeitpunkt, Dauer und Heftigkeit der Loslösephase und hinsichtlich der Erlösungsintention.

Während alle 144.000 himmlischen Königreichserben ihre Erlösung und Berufung bereits empfangen haben, wird der überwiegende Teil der allgemeinen Menschheit erst mit dem krisenreichen Abschlussgeschehen eine geistige Umkehrung und Erneuerung erfahren. Das geht aus dem Erlösungsgeschehen meiner Schwester und dem anderer uns bekannter Personen eindeutig hervor.

Aus geistiger Perspektive macht es wenig Sinn, Menschen in die Kategorie „gut oder böse" einzuordnen. Besser ist es danach zu unterscheiden, ob jemand bereits erlöst ist, oder ob er es noch nicht ist. Und jeder, der durch die Geburtswehen des Erlösungsgeschehens zu Gott zurückgefunden hat, ist verpflichtet, denen zu helfen, die diesen beschwerlichen Weg noch vor sich haben. Das trifft insbesondere auf die Berufenen zu, denen Jehova

---

³ Zitat aus der Biografie Bruno Grönings: Ich lebe, damit die Menschheit wird weiterleben können, Seite 64-65, Grete Häusler Verlag

Gott Führungsverantwortung in seiner neuen Weltordnung übertragen hat (Matthäus 5:38-48, Lukas 22:28-30).

So hart die krisengeschüttelte Zeit für den Sohn im Gleichnis auch war, es war der Beginn eines vollständigen Bewusstseinswandels, der das Verhältnis zum Vater auf ein völlig neues Fundament stellte. Ohne diese denkwürdigen Erfahrungen hätte die ganzherzige Umkehr zum Vater nicht erfolgen und das Kindschaftsverhältnis nicht wiederbelebt werden können.

In der übertragenen Bedeutung des Gleichnisses verhält es sich ebenso. - So krisenreich sich die bestehende Weltordnung auch verabschieden mag (Matthäus 24:1-22), das Loslösegeschehen ist Teil des Erlösungs- und Wiederherstellungsvorhabens Gottes und ganz maßgeblich für dessen Erfolg!

Auch Jesus Christus hob die Bedeutung der endzeitlichen Krisis hervor, als er zu seinen Jüngern sagte: „Ihr werdet von Kriegen und Kriegsberichten hören; seht zu, dass ihr nicht erschreckt. Denn *diese Dinge müssen geschehen*, aber es ist noch nicht das Ende" (Matthäus 24:6). – Denn *das muss so geschehen*, gemäß Luther Übersetzung. Warum?

Die endzeitliche Krisis hat eine loslösende, reinigende – ja, exorzistische Wirkung, die ausgediente systemische Abhängigkeiten und Bindungen zunichtemacht, um Freiheit zu schaffen für den Zugang zu Gott Vater. Ohne diesen Reinigungs- und Regelungsprozess könnte die Leben gebende geistige Verbindung zu unserem himmlischen Vater nicht wiederhergestellt und wir der verheißenen Königreichssegnungen nicht teilhaftig werden.

Rückschlüsse des Gleichnisses auf das Ende

Die übertragene Bedeutung des Gleichnisses wirft auch Licht auf das vor uns liegende weltweite Abschlussgeschehen.

Die in den Evangelien und der Offenbarung gebrauchten teilweise sinnbildlichen Formulierungen für das Systemende („große Drangsal", „Harmagedon" oder „Krieg des großen Tages Gottes des Allmächtigen"), werden so entschlüsselt und verständlich (Matthäus 24:21, Offenbarung 16:14,16). Wenn wir die Leidenszeit des Sohnes in dem Gleichnis näher beleuchten wird deutlich, warum es auch in unserer Zeit zu einem bitteren Ende kommen muss und wer ursächlich dafür verantwortlich ist – für die große Bedrängnis.

Der Sohn gerät in Not, weil er von seiner Vergangenheit eingeholt wird und sein verschwenderischer, lasterhafter Lebenswandel in schmerzlicher Weise auf ihn zurückkommt. Seine Situation verschärft sich noch durch ein globales Problem, eine Hungersnot. Hat sein Vater mit der Bedrängnis, die über ihn kommt, irgendetwas zu tun? Nein nichts – aber auch gar nichts!

Gegenbildlich ist auch die weltweite „große Drangsal" eine Folge menschlichen Missmanagements, für die der Schöpfer in keiner Weise verantwortlich ist und auf die er auch keinen Einfluss nimmt. – Die Menschheit ist vor 6000 Jahren einen von Gott unabhängigen Weg gegangen und hat dadurch viele Krisenherde und Probleme aufgehäuft, die uns heute in geballter Form bedrängen. Globales und persönliches Missmanagement verquickt sich in der Endzeit zu einer unheilvollen Situation, die über alle Menschen auf der Erde kommen wird (Lukas 21:26,34-35).

Wie der Vater in dem Gleichnis, so nimmt auch der himmlische Vater eine abwartende Haltung ein. Er lässt zu, dass die Menschheit mit den massiven Folgen ihres Missmanagements konfrontiert wird und hofft auf einen positiven Ausgang der Lebensschule. Von Herzen sehnt er sich nach einer Rückbesinnung und Umkehr seiner irdischen Kinder, um sie in seine geistigen Arme zu schließen.

Welche Fehldeutungen des endzeitlichen Geschehens lassen sich somit ausschließen?

Das Böse müsse buchstäblich ausgemerzt werden, um die Erde vom Bösen zu reinigen.

Gott greife buchstäblich in das Welt-Abschlussgeschehen ein, um böse Menschen von der Erde zu tilgen.

Nur Jehovas treue Dienerschaft, sein Volk, wird nach alttestamentarischem Vorbild gerettet werden.

Im Auftakt der „großen Drangsal" werde das „Weltreich der falschen Religion" mit all seinen Amtsträgern und Anhängern buchstäblich vernichtet.

Der Schlusskampf der „großen Drangsal", Harmagedon, sei der buchstäbliche Krieg des Allmächtigen gegen gottlose Herrscher und Nationen, die sein Volk angreifen - eine Verteidigungs- und Hinrichtungsoffensive zur Rettung seines Volkes.

Die endzeitliche Auslegung der Glaubensgemeinschaft der Zeugen Jehovas ist detaillierter nachzulesen in den im Anhang genannten Wachtturmausgaben des Quellenverzeichnisses und dem Buch „Die Offenbarung! Ihr großartiger Höhepunkt ist nahe", Kap. 16 – 39.

Der Auslegung ist zu entnehmen, dass der Abschluss der bestehenden Weltordnung als Gerichtszeit verstanden wird, in der Jehova sein Volk von allen Feinden und Widrigkeiten nach alttestamentarischem Vorbild befreit, um ein friedvolles Leben in seiner neuen Weltordnung zu gewährleisten. Das Eingreifen Gottes zu Gunsten seines Volkes wird als Segnung verstanden - für mehr als 100 Jahre treue Königreichsdienste und ein stets christliches und gottgefälliges Leben.

Doch dank Jesus Christus, dem Erlöser und Retter der Welt, steht die Erlösungsfunktion im Vordergrund des endzeitlichen Geschehens, und zwar für alle Menschen guten Willens. Mit seiner Erlösungsvorkehrung reinigt er die Herzen und besiegt den Hang zum Unguten.

Ja, unser himmlischer Vater verfährt mit seinen Menschenkindern, die sich von ihm losgesagt haben, genauso diplomatisch und liebevoll wie der Vater in dem Gleichnis mit seinem „verlorenen Sohn".

„Hab Dank Herr Jehova, lieber himmlischer Vater, dass Du Deinen Ruhetag geopfert hast, um langwierig und mühevoll, eine einzigartige Erlösungs- und Wiederherstellungsvorkehrung für uns Menschen zu schaffen, die uns das verlorene Paradies zurückbringen wird.

Hab Dank für Deine grenzenlose Gnade, Langmut und Güte. Amen."

Was es bedeutet, Teil der Welt zu sein

Die Verse 3-18 in Kapitel 13 der Offenbarung versinnbildlichen, welch große Macht der geistige Weltherrscher durch sein politisches und wirtschaftliches System auf der Erde ausübt und wie er das Denken und Handeln der Menschen beeinflusst. In Vers 3 lesen wir: „Und die ganze Erde folgte dem wilden Tier[4] (politisches Weltsystem unter der Führung des Widersachers Gottes) mit Bewunderung". In Vers 4 und 8: „Und alle, die auf der Erde wohnen, werden es anbeten"...In Vers 13: „Und es tut große Zeichen, so dass es vor den Augen der Menschen sogar Feuer vom Himmel zur Erde herabkommen lässt".

Wie hat sich das buchstäblich erfüllt?

Denken wir zum Beispiel an die erste Mondlandung im Jahr 1967, wie viel Aufmerksamkeit und Bewunderung diese Raumfahrtsensation auslöste. Denken wir an die vielen Errungenschaften auf wissenschaftlichem, medizinischem und technischem Gebiet, wie es unser Leben revolutioniert und uns in den Bann des Fortschrittsglaubens und des Materialismus gezogen hat. Wir gewannen den Eindruck, jedes noch so große Problem könne früher oder später durch Menschenhand gelöst werden. Heute ist ernüchternd festzustellen, dass das eine Fehleinschätzung war.

Die Verse 16-18 versinnbildlichen, wie der geistige Weltherrscher durch sein politisches System Druck auf alle Menschen ausübt, indem er Anforderungen und Bedingungen festlegt, unter denen man erfolgreich mitmischen kann: Wie jemand ideologisch eingestellt sein muss, welchen Ein-

---

[4]siehe Quellenverzeichnis: Die Offenbarung. Ihr großartiger Höhepunkt ist nahe – Kap. 28, Seite 186-187

satz und welche Leistung er zu erbringen hat, um den Geldsegen und die erhoffte Anerkennung zu erhalten. Wer sich anpasst und dem Geist der Welt folgt, der erhält den buchstäblichen und emotionalen Segen, der ihn „beseelt" und als Teil der Welt kennzeichnet.

Unter dieser gefühlsgeprägten Brandmarkung und Verstrickung stehen heute alle Menschen. Sie haben ihr Selbstwertgefühl und ihre Persönlichkeit in der bestehenden Werteordnung entwickelt und fühlen sich mehr oder weniger damit verbunden. Das lässt sich nicht einfach so überspielen und ungeschehen machen.

Diese gefühlsgeprägte Bindung kann nur durch ein gegensätzliches Erleben wieder aufgelöst werden. Dadurch nähern sich die Wahrnehmung und das Weltbild der objektiven Sichtweise Gottes an. Dadurch wird auch das Bewusstsein geweckt für die Dringlichkeit eines baldigen Systemwechsels auf der Erde.

Vom Loslösen

Um gotthörig zu werden ist es, wie die Heilige Schrift sagt, notwendig, die „alte Persönlichkeit" abzulegen - sich von Menschenhörigkeit, ausgedienten Denk-, Glaubens- und Lebensmustern zu lösen (Epheser 4:22-24, Kolosser 3:9).

Gemäß den Worten Jesu Christi macht es keinen Sinn, Altes mit Neuem zu verbinden (Lukas 5:33-39). So ist es sinnlos, den Menschen Gottes neue Weltordnung überzustülpen, wenn sie keine Wertschätzung dafür haben; oder die geballte Kraft heiliger Worte zu senden, wenn sie nicht offen und empfänglich dafür sind – wahre Zeit- und Kraftverschwendung! Das brachte Jesus zum Ausdruck, als er seine Beispiele mit folgendem Lehrsatz abschloss: „Neuen Wein muss man in neue Weinschläuche gießen, und auf ein altes Kleid gehört ein alter Flicken". Beides muss zueinander passen. Ebenso kann auch Gottes neue Weltordnung nur den Menschen dienlich sein, die die neue christliche Persönlichkeit angezogen haben, deren Herz und Sinn von seiner Liebe angetrieben wird und die offen und empfänglich sind für all das Gute, das er für sie bereithält.

Das für einen vortrefflichen Herzensboden notwendige Loslösepotenzial wird sich im krisenreichen Schlussteil unserer bestehenden Weltordnung entwickeln. In dieser außergewöhnlichsten Zeit aller Zeiten werden gewaltige Loslösekräfte wirksam, die Menschen von systemischen Zugehörigkeitsgefühlen jeglicher Art lösen. Ein schmerzlicher, aber notwendiger Reinigungsprozess, der uns nicht erspart bleiben kann. In dieser Zeit erstirbt die „alte Persönlichkeit" mit ihrer Neigung zu autonomem selbstsüchtigen Denken.

Obwohl das Loslösegeschehen eine Folge von Ursache und Wirkung ist, die die Menschheit zu verantworten hat, wird es in der Offenbarung oftmals sinnbildlich so dargestellt, als veranlasse es Jehova Gott (Offenbarung Kap. 8+9, Kap. 14:9-20, Kap. 16).

Wie ist das zu verstehen?

Er veranlasst es nur insofern, als er es zulässt. In diesem Sinne werden durch das Loslösegeschehen seine Missbilligung und sein Grimm gegenüber dem Handeln der Menschheit zum Ausdruck gebracht. So lässt er das Loslösegeschehen zwar zu, koordiniert und dosiert es aber in der rechten Weise, um es seinem Erlösungsvorhaben dienlich zu machen.

Das Loslösegeschehen

„Liebt nicht die Welt noch die Dinge in der Welt.

Wenn jemand die Welt liebt, so ist die Liebe des Vaters nicht in ihm;

denn alles in der Welt – die Begierde des Fleisches und die Begierde der Augen und die auffällige Zurschaustellung der Mittel, die jemand zum Leben hat – stammt nicht vom Vater, sondern stammt von der Welt.

Überdies, die Welt vergeht und ebenso ihre Begierde, wer aber den Willen Gottes tut bleibt immerdar."

  1.Johannes 2:15-17

Wenn die bestehende Weltordnung vergeht, gerät die ganze Menschheit in den Strudel des Loslösegeschehens. Alle Menschen werden in ihren Lebenssystemen bedrängt werden und sich von ausgedienten Ideologien und Lebenskonzepten trennen müssen, die nicht mehr ihre sein können.

Das wird sinnbildlich dargestellt durch die Verse 9-12 in Kapitel 14 der Offenbarung: Der Grimm Gottes symbolisiert das Loslösegeschehen in der krisenreichen „Zeit des Endes" - Feuer und Schwefel stellen geistige Loslösekräfte und -wehen dar, die systemische Zugehörigkeitsgefühle in den Herzen der Menschen zerstören. Das geschieht so heftig und nachhaltig, dass für immer ein emotional abstoßendes Bild von dem Leben, das hinter ihnen liegt, assoziiert wird. – Nie, nein - nie wieder wollen sie Wünschen und Lebenszielen nachjagen, die ihre „alte Persönlichkeit" geprägt haben.

Wer so die „alte Persönlichkeit zu Grabe getragen hat", hat bereits das erste Etappenziel auf dem Erlösungsweg erreicht – das beschwerlichste Stück Wegstrecke hinter sich gelassen und darf sich glücklich schätzen –

wie es im Vers 13 heißt: „Glücklich sind die Toten, die von dieser Zeit an in Gemeinschaft mit dem Herrn sterben. Ja, spricht der Geist, mögen sie ruhen von ihren mühevollen Arbeiten, denn die Dinge, die sie getan haben, gehen gleich mit ihnen".

Glücklich und dankbar können insbesondere die Personen sein, die einen direkten Nutzen aus dem Loskaufsopfer Jesu Christi ziehen und nun frei sind, um ihre Berufung für ein himmlisches Königreicherbe zu ergreifen.

Das Loslösegeschehen der zwei Menschheitsgruppen

Die alte Weltordnung bringt zwei „geistig reife" Menschheitsgruppen hervor, die im Loslösegeschehen für Gottes neue Weltordnung abgeerntet werden. In Offenbarung Kapitel 7,8,9,14 und 16[5] wird auf diese beiden Menschheitsgruppen und ihr Loslösegeschehen Bezug genommen.

Das zeitlich erste Loslöse- bzw. Erlösungsgeschehen erleben die „Sklaven Gottes", von Gott auserwählte Personen, die für ihr himmlisches Königreichserbe an „ihren Stirnen versiegelt werden". Wie die Verse 1-3 in Offenbarung Kapitel 7 belegen, ereignet sich dieses Ernte- und Einsammlungswerk bevor „die vier Winde der Erde losgelassen werden", die die „große Drangsal" symbolisieren.

Das Erntewerk begann zu Pfingsten 33 u.Z., als auf 120 treue Weggefährten Jesu Christi der Heilige Geist Gottes ausgegossen wurde und endete vermutlich mit dem Ausklang des 20. Jahrhunderts (Offenbarung Kap. 14:14-15, Apostelgeschichte 2:1-4).

Gemäß Gottes ursprünglichem Vorsatz sollten alle 144.000 himmlischen Königreichserben aus seinem Bundesvolk, den Juden, hervorgehen (Offenbarung Kap. 7:4-8). Da sie den Gesetzesbund mit Jehova Gott jedoch immer wieder brachen, sich als untreu und unwürdig erwiesen, beendete er das Bundesverhältnis, indem er durch das vergossene Blut seines geliebten Sohnes Jesus Christus einen „Neuen Bund" in Kraft setzte. Dieser Bund sichert gläubigen Fußstapfennachfolgern Jesu Christi das verheiße-

---

[5] Abweichende Auslegung der o.g. Kapitel – s. Quellenverzeichnis: Die Offenbarung. Ihr großartiger Höhepunkt ist nahe – Kap.19, 21-23, 30-32

ne himmlische Königreichserbe zu[6] (Matthäus 21:43, Römer 10:4, Lukas 22:28-30). Gemäß Apostelgeschichte Kap. 10, Verse 44-48 war es ab dem Jahr 36 u.Z. Menschen aus allen Nationen möglich, zu dieser geistgesalbten Königreichsklasse zu gehören. Ausschlaggebend für die Auserwählung durch Jehova Gott ist die rechte Herzenseinstellung und der ungeteilte Glaube an Jesus Christus als Erlöser und Heiland der Menschheit. Alle, die zu diesen „geistigen Israeliten", dem „neuen Jerusalem", gehören, werden durch Gottes Heiligen Geist berufen (versiegelt) und fühlen sich ganzherzig mit Christus und seiner Königreichsvorkehrung verbunden.

Auch ich darf seit 1984 dazugehören.

Charakteristisch für das Loslösegeschehen der „kleinen Menschheitsgruppe" ist ein mildes Loslöseklima (Offenbarung Kap. 8-9). Ein weitaus heftigeres Loslösegeschehen und ein raues Loslöseklima wird die „allgemeine Menschheit" mit dem nahenden Abschluss der bestehenden Weltordnung ereilen. Das versinnbildlichen die Schriftverse 14 in Kapitel 7, 17-20 in Kapitel 14 und 1-21 in Kapitel 16 der Offenbarung, in denen das Ernte- und Einsammlungswerk der irdischen Königreichserben dargestellt ist.

Da die „allgemeine Menschheit" der ausgedienten Weltordnung beim sinnbildlichen Abernten noch anhängt, wird sie beim Trennen vom bestehenden geistigen Bezugssystem in ein zwangsweises, außerordentlich heftiges Loslösegeschehen versetzt. Das versinnbildlichen die Verse 19 und 20 des 14. Kapitels. Dadurch werden die Kräfte der Menschheit erschüttert werden. Doch durch die Heilsbotschaften und Vorkehrungen von Gottes nahendem Königreich wird das Loslösegeschehen in ein Erlösungsge-

---

[6] S. Quellenverzeichnis: Wachtturm vom 15.10.2014
Ihr werdet „ein Königreich von Priestern"

schehen umgewandelt werden. So werden Menschen, die Gott fern waren, im Loslösegeschehen umgekehrt und empfänglich für seine Rettungs- und Heilsvorkehrung. Ihrem Gut- und Gottglauben gemäß werden sie Nutznießer endloser irdischer Königreichssegnungen werden (Offenbarung Kap. 7:15-17).

Geistige Loslösung der kleinen Menschheitsgruppe

„Da wir hinsichtlich der Sünde gestorben sind,
wie sollen wir da noch weiter in ihr leben...
Denn wir wissen, dass unsere alte Persönlichkeit
mit ihm an den Pfahl gebracht worden ist,
damit unser sündiger Leib unwirksam gemacht werde,
so dass wir nicht länger Sklaven der Sünde seien.
Denn wer gestorben ist, ist von seiner Sünde freigesprochen."

Römer 6:2,6-7

Das irdische Erlösungsgeschehen, begann im Jahr 33 u.Z. mit der geistigen Neuausrichtung einer „kleinen Menschheitsgruppe", den 144.000 himmlischen Königreicherben und ist heute vermutlich bereits abgeschlossen. In Kapitel 8 und 9[7] der Offenbarung ist das geistige Loslöse- und Trennungsgeschehen dieser Königreichsklasse aufgezeichnet, das der Erlösung vorausgegangen ist.

In Offenbarung Kapitel 8, Verse 7-12 beleuchten die ersten vier endzeitlichen Szenen Weltverhältnisse und Loslöseklima, unter dem sich das Loslösegeschehen ereignet. Und in Kapitel 9, Verse 1-19 veranschaulichen die fünfte und sechste Szene sinnbildlich, wie das Loslöse- und Trennungsgeschehen von den betreffenden Personen erlebt wird und wie es schließlich endet.

---

[7] Abweichende Auslegung der o.g. Kapitel – s. Quellenverzeichnis: Die Offenbarung. Ihr großartiger Höhepunkt ist nahe!, Kap. 21-23

Die ersten vier Szenen lassen auf ein gemäßigtes Loslöseklima schließen, denn endzeitliche Symptome kommen jeweils nur über „ein Drittel" der Erde, des Meeres, der Flüsse und Lichtquellen. Der Maßstab „ein Drittel" symbolisiert also eine „teilweise" Endzeitsymptomatik. „Ein Drittel" bezieht sich so einerseits auf Umfang und Intensität des Loslösedrucks, gemessen an dem Höhepunkt des endzeitlichen Geschehens, der „großen Drangsal". Andererseits bezieht es sich auf eine Gruppe von Menschen, die loslösewirksam auf den „teilweisen" Endzeitdruck reagiert.

Mit dem „einen Drittel" ist nicht die Christenheit gemeint, wie das von der leitenden Körperschaft der Zeugen Jehovas vertreten wird[8] - die Christenheit umfasst ungefähr ein Drittel der religiösen Weltbevölkerung. Der Maßstab bezieht sich auf Gottes auserwählte „kleine Menschheitsgruppe", die nur ein gemäßigtes Loslöseklima erträgt. Die Offenbarung zieht also eine Parallele zwischen der Intensität des Loslöseklimas und der betroffenen Menschheitsgruppe, wobei diese Gruppe nicht einem Drittel der Weltbevölkerung entsprechen muss.

Mit der fünften und sechsten endzeitlichen Szene wird deutlich, wie es zu dem geistigen Loslöse- und Trennungsgeschehen kommt und wie es sich auf die betroffene Menschheitsgruppe auswirkt.

So symbolisiert der gefallene Stern gemäß Offenbarung Kap.9, Verse 1-4 Führungspersönlichkeiten, die in der „Zeit des Endes" ihr hohes Ansehen verlieren, da sie keine schlüssigen Konzepte für die brennenden Fragen der Zeit haben. Unter dem Aufrechterhaltungsdruck bestehender Systemordnungen sind sie gezwungen, politische Weichenstellungen zu treffen,

---

[8] S. Quellenverzeichnis: Die Offenbarung. Ihr großartiger Höhepunkt ist nahe, Seite 133

die dem Leben einen bitteren Beigeschmack versetzen werden. Der Vers 2 symbolisiert treffend, wie der „gefallene Stern" mit seinen endzeitlichen Maßnahmen den Schlund zum Abgrund öffnet und eine bedrückende Lebensatmosphäre schafft, die Ausgangslage ist für das geistige Loslöse- und Trennungsgeschehen.

Wen oder was symbolisieren die sinnbildlichen Heuschrecken und wen attackieren sie?

Die sinnbildlichen Heuschrecken sind geistiger Natur. Sie verkörpern endzeitliche Loslösekräfte, die die gefühlsgeprägte Bindung der Menschen zum bestehenden geistigen Bezugssystem lösen. Im Loslösegeschehen des 20. Jahrhunderts waren die Loslösekräfte so dosiert, dass sie sich loslösewirksam vorrangig auf das besagte „Drittel", die auserwählte „kleine Menschheitsgruppe", auswirkten. Gemäß dem Vers 4 sind das die Menschen, die das Siegel Gottes nicht, bzw. n o c h nicht, an ihrer Stirn haben. Gemäß den Versen 5, 6 und 10 müssen die geistigen Loslösewehen eine bestimmte Zeit andauern und eine bestimmte Intensität erreichen, um eine vollständige Loslösung zu bewirken.

Mit der Steigerung des endzeitlichen Drucks geht die Loslösephase über in die Trennungsphase. Das wird sinnbildlich dargestellt durch das Losbinden der vier Engel am Strom Euphrat..."um ein Drittel der Menschen zu töten" gemäß Offenbarung Kap. 9:13-15. Das Losbinden der vier Engel am Strom Euphrat versinnbildlicht den Höhepunkt des endzeitlichen Geschehens für Menschen, deren sinnbildlicher Wohnsitz am Strom Euphrat liegt. Der Vers 15 kennzeichnet das besagte „Drittel", die Berufenen Gottes, als die betreffende Menschheitsgruppe. Während sich also die weltweiten Winde noch relativ ruhig verhalten, bricht über die „kleine Menschheitsgruppe" der Endzeitsturm aus, der den Höhepunkt ihres Loslösegeschehens darstellt. Die Feuer, Schwefel und Rauch speienden Kriegspferde in Vers 17 und 18 symbolisieren vernichtende geistige Loslösekräfte, die ausgediente geistige Bezugsquellen und systemische Zugehörigkeitsgefühle so gründlich zerstören, dass sie „nicht mehr in den Sinn gerufen werden, noch im Herzen aufkommen" (Jesaja 65:17).

Die Trennung, bzw. der Abschnitt vom bestehenden Bezugssystem wird sinnbildlich in Kapitel 14 der Offenbarung in den Versen 14-16 dargestellt, wo Jesus Christus mit einer scharfen Sichel die reife Königreichsfrucht vom Feld der Erde aberntet. Die Betreffenden empfinden die Trennung nicht als Verlust, sondern als Befreiung, da sie sich geistig-emotional bereits getrennt und der messianischen Königreichsordnung genaht haben.

Wie wirkt sich das gemäßigte Loslöseklima auf die „allgemeine Menschheit" aus?

Gemäß den Versen 20 und 21 in Kapitel 9 der Offenbarung wirkt es sich auf die übrige Menschheit nicht wesentlich aus; sie setzt ihren gewohnten Lebenswandel unbehelligt fort.

Geistige Loslösung der allgemeinen Menschheit

(Offenbarung Kap. 14:9-11,13,17-20; Kap. 16)

„Das sind die, die aus der großen Drangsal kommen,

und sie haben ihre langen Gewänder gewaschen

und sie in dem Blut des Lammes weiß gemacht.

Darum sind sie vor dem Throne Gottes;

und Tag und Nacht bringen sie ihm in seinem Tempel heiligen Dienst dar;

und der, der auf dem Throne sitzt,

wird sein Zelt über sie ausbreiten."

Offenbarung 7:14-15

Die „allgemeine Menschheit" identifiziert sich stärker mit den Anschauungen und Ideologien der bestehenden Weltordnung wie die „kleine Menschheitsgruppe". Gemäß den Versen 16 und 17 in Kapitel 13 der Offenbarung trägt sie das symbolische Kennzeichen des politischen Weltsystems, des „wilden Tieres", an ihrer Hand oder auf ihrer Stirn und ist dessen Werteordnung mit Herz und Sinn verschrieben. Daher ist mit dem Loslöse- und Trennungsgeschehen der „allgemeinen Menschheit" ein regelrechter Kraftakt verbunden. Das wird sinnbildlich dargestellt durch sieben endzeitliche Szenen in Kapitel 16[9] der Offenbarung. Mit jeder endzeitlichen Szene tritt ein Engel in Aktion, der eine Schale des Grimmes Gottes nach der Erde hin ausgießt. Der Grimm Gottes stellt nach den Regeln von Ursache

---

[9] Abweichende Auslegung des o.g. Kapitels – s. Quellenverzeichnis: Die Offenbarung. Ihr großartiger Höhepunkt ist nahe, Kap. 32

50

und Wirkung, die massiven endzeitlichen Folgen autonomer menschlicher Weltführung dar und entfaltet ein raues Loslöseklima. Doch durch Christi wirksame Koordination wird der Grimm Gottes systematisch ausgegossen und das Abschlussgeschehen gezielt und planvoll gesteuert.

Die Ziele der ersten vier Schalen des Grimmes Gottes richten sich wie die ersten vier endzeitlichen Szenen (in Offb. Kap. 8) gegen die Erde, das Meer, die Flüsse und Himmelsgestirne. Während die Szenen in Kapitel 8 endzeitliche Wehen über „ein Drittel" der Menschheit und den Planeten Erde bringen, ist vom Ausgießen der Schalen des Grimmes Gottes die ganze Menschheit und der ganze Planet Erde betroffen. Die vollständige massive Endzeitsymptomatik erfasst somit die gesamte Menschheit.

Der geballte endzeitliche Druck der ersten vier Schalen des Grimmes Gottes wirkt sich jedoch nicht loslösewirksam auf den überwiegenden Teil der „allgemeinen Menschheit" aus. Das ist dem Hinweis in den Versen 9 und 11 zu entnehmen. Auch die fünfte und sechste Schale des Grimmes Gottes wirken sich zwar kräftezehrend, aber nicht loslösewirksam auf den überwiegenden Teil der Menschheit aus.

Während mit der fünften und sechsten Szene (Kap. 9) das geistige Loslöse- und Trennungsgeschehen der „kleinen Menschheitsgruppe" in Gang gesetzt wurde, spitzt sich mit dem Ausgießen der fünften und sechsten Schale des Grimmes Gottes das endzeitliche Geschehen weiter zu und bleibt bis zu dessen Höhepunkt (Harmagedon) weitestgehend ohne geistige Loslösewirkung (Offenbarung 16:10-16).

Das Ausgießen der siebten Schale auf die Luft, das letzte Leben erhaltende Mittel, versinnbildlicht den Höhepunkt des endzeitlichen Geschehens, die „große Bedrängnis". Die Luft dient somit als Sinnbild für den „Geist der

Welt", für versiegende geistige Bezugsquellen im finalen Abschlussgeschehen.

Doch auch hier setzt das globale geistige Loslöse- und Trennungsgeschehen der „allgemeinen Menschheit" noch nicht ein. Der Vers 21 in Kapitel 16 weist sinnbildlich darauf hin. Wie ist das zu erklären?

Die „allgemeine Menschheit" steht in einer engen emotionalen Bindung und Abhängigkeit zum bestehenden geistigen Bezugssystem. Sie ist bemüht, sich jeder noch so widrigen Situation anzupassen, auch über die Grenze ihrer Belastbarkeit hinaus – bis hin zur völligen Selbstaufgabe. Ihr Ringen nach systemischer Zugehörigkeit findet erst in der Erschöpfung ihrer Kraftressourcen zur auferlegten Zwangsruhe. Erst dann beginnt das geistige Loslöse- und Trennungsgeschehen der „allgemeinen Menschheit". Die zwangsweise Trennung vom bestehenden Bezugssystem, wird sinnbildlich in den Versen 18 und 19 des 14. Kapitels[10] der Offenbarung dargestellt. Dem zwangsweisen Systemabschnitt folgt das zwangsweise Loslösegeschehen. Es ist zwar kürzer, als das der Berufenen, dafür aber außerordentlich heftig. Die Verse 19 und 20 veranschaulichen sinnbildlich das energische Reinigen und Austreiben der Herzen von ausgedienten systemischen Bindungen und Zugehörigkeitsgefühlen.

Eine Reinigungs- und Regelungszeit dieser Intensität wird im Erlösungsgeschehen der Neuzeit als „feurige Gehenna" bezeichnet (mehr dazu im nächsten Kapitel). Alle Menschen, die nicht „zur kleinen Herde" geistgesalbter Personen gehören, werden es auf ihrem Erlösungsweg in ähnlicher Weise erleben.

---

[10] Abweichende Auslegung des o.g. Kapitels – s. Quellenverzeichnis: Die Offenbarung. Ihr großartiger Höhepunkt ist nahe, Kap. 30

Aufgrund der Heftigkeit des Loslösegeschehens zu schlussfolgern, diese Menschen seien gänzlich in Gottes Ungnade gefallen und der Erlösung nicht würdig, ist ganz eindeutig nicht richtig. – Die „allgemeine Menschheit" ist in geistiger Hinsicht ganz eng mit der bestehenden Werteordnung verbunden, daher muss sich auch ihr Loslösegeschehen energischer darstellen.

Es bleibt festzustellen:

Das derzeitige endzeitliche Verständnis der Glaubensorganisation der Zeugen Jehovas ist mit dem Erlösungsvorhaben Gottes nicht in Einklang zu bringen. Die Rettung und das ewige irdische Leben kann man sich bei Gott nicht verdienen und auch nicht den Schutz vor den Wehen der endzeitlichen Bedrängnis.

Die Menschenherrschaft führt uns in eine kritische Weltsituation, die Ausgangslage ist für ein weltweites Loslöse- und Trennungsgeschehen. Dieses Regelungsgeschehen ist ein schmerzlicher, aber unverzichtbarer Teil des Erlösungsgeschehens. In dieser Zeit werden die Herzen der Menschen bereit gemacht für Gottes neue Weltordnung.

Jeder, der bereits heute in der Gottführung steht, hat die reinigende Kraft dieses geistigen Wasserbades zu spüren bekommen. Dazu gehören die vollständige Zahl geistgesalbter Personen, die durch ein gemäßigtes Loslösegeschehen gegangen ist, sowie eine kleine Anzahl von Personen aus der „allgemeinen Menschheit", die durch ein heftiges Loslösegeschehen zu Gott gefunden hat. Die übrige Menschheit wird folgen.

Sogar die himmlische Sphäre ist unter Geburtsschmerzen in die messianische Königreichsführung hineingeboren worden, und zwar noch vor dem Neuordnungsgeschehen auf der Erde – nachzulesen in Kapitel 12 der Offenbarung.[11]

Mit den Versen 1 bis 5 erhalten wir einen Einblick in die ergreifende Schlussphase des Loslösegeschehens: Wir sehen eine himmlische Frau, die unter Geburtsschmerzen (vom Drachen attackiert) das messianische Kind gebiert. Die schwangere Frau stellt Gottes himmlische Organisation von Geistgeschöpfen dar, die unter dem endzeitlichen Druck des derzeitigen Weltherrschers die geistige Reife für die messianische Königreichsführung hervorbringt.[12]

Wenn es schon im Himmel ein dramatisches Ringen um die geistige Vorherrschaft gegeben hat, wie viel mehr erst auf der Erde! Und in diesen Kampf zwischen „Gut und Böse" ist jeder persönlich eingebunden; jeder muss mittels des Christus und seiner Mitberufenen Gott gegenüber zum Leben kommen – das ist ein geistiges Geburtsgeschehen, das die Herzen

---

[11] Exkurs

Fantastisch – das ganze Kapitel 12 der Offenbarung!

In den Visionen dieses Kapitels habe ich die Erlebensphasen meines Erlösungsgeschehens erkennen können: In den Versen 1-5 die Loslösephase, in den Versen 6-8 die Rehabilitationsphase und in den Versen 9-12 die Neuerlebensphase bzw. die Erlösung. Zwar wird das Erlösungsgeschehen geistgesalbter Personen in den Versen 13-16 dargestellt, doch ähnelt es dem der himmlischen Geistgeschöpfe Gottes sehr.

[12] Abweichende Auslegung Kap. 12 Offb. – s. Quellenverzeichnis: Die Offenbarung. Ihr großartiger Höhepunkt ist nahe, Kap. 27

frei und empfänglich macht für die Segnungen unter der messianischen Königreichsführung.

Die Gehenna

Matthäus 5:22,29-30; 10:28; 18:8-10; 23:15+33,

Markus 9:43-48, Lukas 12:5

In der Luther- Übersetzung der Heiligen Schrift findet man den Ausdruck „Gehenna" nicht.

Alle oben genannten Bibelverse, in denen die Neue Welt-Übersetzung Jesu Aussagen mit dem Wort „Gehenna" zitiert, stehen in der Luther-Übersetzung mit dem Wort „Hölle".

So heißt es in Matthäus Kap. 5, Vers 29: „Wenn dich aber dein rechtes Auge zum Abfall verführt, so reiß es aus und wirf`s von dir. Es ist besser für dich, dass eins deiner Glieder verderbe und nicht der ganze Leib in die Hölle geworfen werde."

Im Lukas- Evangelium Kap.12, Vers 5 lesen wir: „Ich will euch aber zeigen, vor wem ihr euch fürchten sollt. Fürchtet euch vor dem, der, nachdem er getötet hat, auch Macht hat, in die Hölle zu werfen. Ja, ich sage euch, vor dem fürchtet euch."

Gemäß dem allgemeinen Verständnis christlicher Religionen ist die „Hölle" ein jenseitiges Totenreich, wo Verstorbene, die bei Gott in Ungnade gefallen sind, bestraft werden und leiden. Die Höllenlehre ist jedoch eine Irrlehre - fern jeglicher Realität. Das ist von Geistgesalbten der Glaubensorganisation der Zeugen Jehovas erkannt und richtiggestellt worden. Es gibt definitiv keinen geheimnisvollen jenseitigen Ort, wo verstorbene böse Menschen gequält werden.

Die lutherische Übersetzung der obigen Bibelverse unter Einbeziehung des Wortes „Hölle" ist daher unpassend, außer – Luther bezog sich auf den irdischen Bereich, als er mit „Hölle" übersetzte. Der Ausdruck „Hölle" wäre dann gleichbedeutend mit der „Gehenna", die ein feuriges Loslösegeschehen auf der Erde darstellt.

Gemäß der biblischen Auslegung der Zeugen Jehovas ist die „Gehenna" ein Sinnbild für ewige Vernichtung, der böse Menschen ohne Auferstehungshoffnung zugeordnet werden.[13] Entgegen deren Auslegung bezieht sich das Sinnbild ewiger Vernichtung jedoch nicht auf die Person, sondern auf die „alte Persönlichkeit" des Menschen, die für immer zunichte gemacht wird. Somit haben Menschen, die zum Beispiel wegen einer labilen Gesundheit das feurige Loslösegeschehen nicht überleben, die volle Auferstehungsgewissheit.

Besagt aber nicht der Vers 5 in Kapitel 12 des Lukas Evangeliums, dass der Schöpfer die Macht hat, bösen Menschen das Lebensrecht zu entziehen, um sie in die „Gehenna" bzw. „Hölle" zu werfen?

Gott Vater tritt in dieser Hinsicht nicht als Akteur auf! Das Töten, von dem Jesus in Vers 5 spricht, bringen sich unerlöste Menschen selbst bei. Durch sündiges Denken und Handeln verfallen sie einer massiven Kraftlosigkeit und Handlungsunfähigkeit, sinnbildlich Toten, die Ausgangslage ist für ein feuriges Loslösegeschehen - die Gehenna.

Jehova Gott tötet sinnbildlich nur insofern, und er wirft in die Gehenna nur insofern, als er die bitteren Folgen menschlichen Missmanagements zu-

---

[13] S. Quellenverzeichnis: Du kannst für immer im Paradies auf Erden leben – Kap. 9, Seite 85-87

lässt und dadurch seinen Unmut und seine Verurteilung zum Ausdruck bringt.

Um all dem zu entgehen, ermahnte Jesus Christus seine engen Fußstapfennachfolger in den vorweg genannten Bibelversen eindringlich, nicht durch sündiges Verhalten vom Königreichsweg abzudriften und ihr himmlisches Königreicherbe zu gefährden. Sie sollten vielmehr treu bleiben und ihrer Berufung und Königreichsverantwortung nachkommen.

Was also ist die Gehenna?

Ein feuriges Loslösegeschehen auf der Erde (die systemhörige „allgemeine Menschheit" betreffend), wodurch die zur Sünde neigende „alte" Persönlichkeit der Menschen erstirbt.

Was ist die Gehenna bzw. die Hölle nicht?

-Ein jenseitiger Ort, wo verstorbene böse Menschen für ihre Sünden
 büßen müssen
-Ein Sinnbild ewiger Vernichtung für böse Menschen ohne
 Auferstehungshoffnung.

Wie wird die bestehende Weltordnung enden?

Wie wird sich die Weltsituation entwickeln, in der sich das Loslösegeschehen der „allgemeinen Menschheit" ereignet? Wie wird die Weltordnung enden?

In Kapitel 16 der Offenbarung wird mit dem Ausgießen der sieben Schalen des Grimmes Gottes die volle Endzeitsymptomatik sichtbar und spürbar. Nach den Regeln von Ursache und Wirkung ergießen sich dann die massiven endzeitlichen Folgen menschlicher Weltführung über die Erde. Das bekommen wir heute einschlägig zu spüren (Klimawandel, Naturkatastrophen, immer häufiger und heftiger werdende Erdbeben, Weltterrorismus, Kriege u.a.).

Mit dem Ausgießen der fünften und sechsten Schale des Grimmes Gottes spitzt sich die Weltsituation deutlich zu (Offenbarung 16:10-12):

Das Ausgießen der fünften Schale über das politische Weltsystem und dessen geistigem Leben Geber (Erzrivale Gottes) kündigt sinnbildlich eine Führungskrise an. Die Führungskrise beginnt bei dem „Gott dieses Systems der Dinge" und geht über auf sein politisches Instrumentarium auf der Erde. Hier setzt sich die Führungskrise fort und ergießt sich als endzeitlicher Druck über die Menschheit.

Das spiegelt treffend die heute schon sichtbare Situation sonnenähnlicher Führungspersönlichkeiten wieder, die darum ringen, die kriselnde Weltordnung am Leben zu erhalten.

Das Ausgießen der sechsten Schale des Grimmes Gottes versinnbildlicht einen politischen Feldzug[14] gegen das Weltimperium der Religionen, der noch bevorsteht.

Die Entmachtung der Religionen ist von zentraler Bedeutung für das weltweite Abschlussgeschehen. Ausführlich dargestellt in Kapitel 17 der Offenbarung.

Da das Abschlussgeschehen der bestehenden Weltordnung noch bevorsteht und eine sehr sensible Thematik darstellt, halte ich es für geboten, den Schlussteil des Kapitels zu einem späteren Zeitpunkt zu veröffentlichen.

---

[14] Abweichende Auslegung Kap. 16 und 17 der Offenbarung, siehe Quellenverzeichnis: Die Offenbarung. Ihr großartiger Höhepunkt ist nahe – Kap. 32 u. 35

Wo wir heute stehen

Gemäß dem Propheten Daniel wird das Ende der bestehenden Weltordnung durch drei aufeinander folgende epochale Zeitspannen von jeweils ca. 3,5 Jahren markiert (Daniel Kap. 12:4-12)[15]. Möglicherweise befinden wir uns bereits in der ersten prophetischen Zeitspanne des Endes, der Loslösephase, die mit der Entmachtung der Religionen und dem Verbot der Königreichsverkündigung endet. Das ist der Auftakt für das krisenreiche Abschlussgeschehen, das mit der geistigen Umkehrung und Erlösung der „allgemeinen Menschheit" einhergeht.

Über das nachfolgende Geschehen lesen wir im Evangelium des Matthäus Kapitel 24, Verse 29-31: „Sogleich nach der Drangsal jener Tage... werden die Kräfte der Himmel (Regierungen) erschüttert werden. Und dann wird das Zeichen des Sohnes im Himmel erscheinen,... und sie werden ihn mit Macht und großer Herrlichkeit auf den Wolken des Himmels kommen sehen. Und er wird seine Engel mit großem Trompetenschall aussenden, und sie werden seine Auserwählten von den vier Winden her versammeln, von dem einen äußersten Ende der Himmel bis zu ihrem anderen äußersten Ende".

Die Auserwählten sind Gottes gesalbte Königreichsvertreter, die mit Christus Jesus die künftige Weltführung bzw. Königreichsführung übernehmen werden. Mit dem Abschluss der bestehenden Weltordnung werden sie (der

---

[15] Die obige Prophezeiung erfüllte sich in kleinem Umfang von 1914 - 1926 s. Quellenverzeichnis: Die Prophezeiung Daniels, Seite 294-305. Eine endzeitliche große Erfüllung wird nach der derzeitigen biblischen Auslegung der Glaubensgemeinschaft der Zeugen Jehovas nicht erwartet.

irdische Überrest) zu ihrer ersten Regierungssitzung einberufen und versammelt werden. Ihrem Christuswirken ist es zu verdanken, dass sich das globale krisenreiche Loslösegeschehen in ein Erlösungsgeschehen, die Erden weite Unruhe in ein Heilsgeschehen wandeln kann. Sicherlich muss den Menschen nach dem Kraftakt des Loslösegeschehens erst einmal Mut, Zuversicht und Orientierung vermittelt werden. In mehreren Grundsatzreden werden Geistgesalbte der Weltgemeinschaft vor Augen führen, warum die bestehende Weltordnung enden musste; wie die Erlösungs- und Rettungsvorkehrung Gottes in dieser Zeit greift und Menschen mit Gott verbindet - und wie auf der Grundlage der wiederhergestellten Gottesbeziehung „das verlorene Paradies" wiederhergestellt werden wird.

Nach einer Zeit der Erholung und geistigen Neuorientierung wird die Gnade der Erlösung auch durch interaktives Handeln gemäß geistiger Heilslehren erlebt. Menschen werden lernen, sich auf die heiligende Kraft Gottes „einzustellen", die Gottverbindung aufzunehmen und im Gut- und Gottglauben zu wachsen.

Die wirksame Erlösungskraft des Blutes Jesu Christi wird alle Folgen der adamischen Sünde beseitigen und die Menschen Nutznießer endloser Königreichssegnungen werden. So werden Krankheit und Tod besiegt, Frieden und Sicherheit weltweit wiederhergestellt und Entschlafene zu irdischem Leben auferweckt werden. So wird sich Gottes ursprünglicher Vorsatz mit der Erde zeitversetzt erfüllen und Menschen ewig auf einer paradiesischen Erde leben können[16](Offenbarung 21:1-4).

---

[16] S. Quellenverzeichnis: Du kannst für immer im Paradies auf Erden leben – Kap. 1, Seite 7-13 u. Die Offenbarung. Ihr großartiger Höhepunkt ist nahe - Kap. 42, Seite 303

Was für ein wunderbares, einzigartiges Wiederherstellungsgeschehen der Menschheit doch bevorsteht!

Erlöst und wiedervereint mit Gott Vater

„Die Wiedererschaffung" aller heiligen Dinge, wovon Jesus Christus in Matthäus Kapitel 19, Vers 28 spricht, begann mit der Wiederherstellung der himmlischen Königreichsmacht Gottes durch seinen inthronisierten Christus (i.J. 1914[17] u.Z.) und die von ihm berufene himmlische Königreichsregierung.

Während sich seine durch Christus ausgeübte Königreichsmacht bereits über die gesamte himmlische Sphäre erstreckt, ist er dabei, seinen Einfluss über die Erde auszudehnen. Christi Königreichsmacht über die Erde beginnt mit der Wiederherstellung des einmütigen Kindschaftsverhältnisses der Menschen zu ihrem himmlischen Vater im nahenden weltweiten Erlösungsgeschehen. In begrenztem Umfang herrscht er allerdings bereits heute.

Während der gottesnahe, vollkommene Status zu Beginn der Menschheitsgeschichte ein Geschenk Gottes war, ist der heilige Status, der in unserer Zeit für die Menschen wiederhergestellt wird, an ein geistiges Geburtsgeschehen geknüpft, in das jeder aktiv eingebunden ist. In den Phasen seines Erlösungsgeschehens erlebt jeder hautnah und ergreifend, wie sich ihm der geistige Zugang zu Gott Vater und seiner überströmenden Liebe erschließt (Johannes Kap. 3:3-8 Luther- Übersetzung).

Ein einzigartiges, überwältigendes Erlebnis der Superlative!

---

[17] s. Quellenverzeichnis: Die Prophezeiung Daniels – Kap. 6, S. 94-97
Du kannst für immer im Paradies auf Erden leben – Kap. 16, S. 138 - 141

Mit dem Glücksgefühl der Erlösung ergießt sich Gottes Heiliger Geist über empfängliche Menschenherzen - seine innige väterliche Zuneigung, seine grenzenlose Gnade und Vergebung. Es ist das höchste, größte und schönste Erleben, dass einem Menschen auf Erden zuteilwerden kann. Es bleibt für immer lebensbestimmend und bewahrt ihn in Gottes liebevoller Führung.

Dieser heilige Status ist das geistige Fundament für die Weiterentwicklung im Gut-Gottglauben bis hin zur Vollkommenheit. Denn auf dem Weg dorthin gilt es noch viele Regelungszeiten zu überwinden, die dem Erlösungsgeschehen ähneln, diesem aber untergeordnet sind. Ein in jeder Hinsicht fordernder, spannender, ergreifender und bewegender Werdegang mit vielen Höhen und Tiefen, den es im Gottvertrauen zu meistern gilt. Immer geht es darum, im Gottglauben zu wachsen und dem himmlischen Vater näher zu kommen; mit mehr geistiger Kompetenz und Kraft ausgestattet zu werden, um heiligend auf sich und sein Umfeld einwirken zu können.

Das veranschaulichte Jesus mit seinen Worten in Matthäus Kapitel 17, Verse 17-20 und Kapitel 21, Verse 18-22, die er mit folgenden Lehrsätzen abschloss: „Alles, worum ihr glaubensvoll im Gebet bittet, werdet ihr empfangen". „Glaubt, und nichts wird euch unmöglich sein".

Diese geistigen Gesetzmäßigkeiten erfüllen sich nicht nur an Christi gesalbter Dienerschaft, die im Königreichsvorhaben Gottes führend vorangeht, sondern an allen Menschen, deren Gottglaube durch ihre Mittlerfunktion zum Leben erweckt wird.

Die Liebe Gottes, die sich im Wiedergeburtserleben ergießt, vereint die Menschen mit Gott Vater und seinem Königreichsvorhaben. Sie fühlen sich zutiefst damit verbunden und sehnen sich danach, Teil seiner wunderbaren Wiederherstellungsoffensive zu werden. Darum lassen sie sich in seinen Dienst rufen und berufen - werden mit Aufgaben betraut, mit denen sie sich voll und ganz identifizieren können, die sie zutiefst erfüllen und beglücken. Ja, all ihr Tun wird ihnen zum Segen werden, weil sie ihren Weg so gehen wollen, wie er von Gott für sie bestimmt ist.

Christi gesalbte Königreichsvertreter werden dafür sorgen, dass der Wiederherstellungsgeist Gottes alle Menschen beflügelt, an seinem wunderbaren Heilsvorhaben auf der Erde mitzuwirken.

Gottes neue Weltregierung

Im Bibelbuch Daniel Kapitel 2, Vers 44 lesen wir über Gottes nahende Weltregierung[18]: „Und in den Tagen dieser Könige (der gegenwärtigen Regierungen) wird der Gott des Himmels ein Königreich aufrichten, das nie zugrunde gerichtet werden wird... Es wird allen Königreichen...ein Ende bereiten, und es selbst wird für unabsehbare Zeiten bestehen".

Über die königlichen Regierungsmitglieder[19] wird in Daniel Kapitel 7, Vers 27 gesagt: „Und das Königreich und die Herrschaft und die Größe der Königreiche unter allen Himmeln wurden dem Volk der Heiligen des Allerhöchsten gegeben. Ihr Königreich ist ein auf unabsehbare Zeit dauerndes Königreich, und alle Herrschaften werden selbst ihnen dienen und gehorchen".

Inwiefern ist diese Regierung heilig und einzigartig? Insofern als alle Glieder durch Gottes Heiligen Geist ordiniert worden sind, wie schon Christus Jesus vor ihnen. Gott hat seinen Geist, seine überströmende Liebe in ihre Herzen gestrahlt und sie als seine geistigen Söhne adoptiert.

Über die Kraft der Liebe Gottes, die durch Christus wirksam wurde, heißt es in Römer 8, Verse 38-39: „Denn ich bin überzeugt, dass weder Tod noch Leben, noch Engel, noch Regierungen..., noch irgendeine andere Schöpfung imstande sein wird, uns von Gottes Liebe zu trennen, die in Christus Jesus ist, unserem Herrn". Ergänzend – in 1. Johannes 3, Vers

---

[18] siehe Quellenverzeichnis: Du kannst für immer im Paradies auf Erden leben - Kap. 13, Seite 112 – 116, und Kap. 16, Seite 134-137

[19] siehe Quellenverzeichnis: Du kannst für immer im Paradies auf Erden leben - Kap. 14

16: „Dadurch haben wir die Liebe kennengelernt, weil jener seine Seele für uns hingegeben hat; und wir sind verpflichtet, unsere Seelen für unsere Brüder hinzugeben. Ergänzend – in 1. Johannes 4, Verse 7-10: „Geliebte, lasst uns einander weiterhin lieben, weil die Liebe aus Gott ist, und jeder, der liebt, ist aus Gott geboren und erkennt Gott... Dadurch wurde die Liebe Gottes in unserem Fall kundgemacht, dass Gott seinen einzig gezeugten Sohn in die Welt gesandt hat, damit wir durch ihn Leben erlangen könnten. Die Liebe besteht in dieser Hinsicht nicht darin, dass wir Gott geliebt haben, sondern dass er uns geliebt hat und seinen Sohn als ein Sühnopfer für unsere Sünden gesandt hat".

Unter der messianischen Königreichsführung wird die liebende Güte Gottes zum Ausdruck kommen, die in seinen himmlischen Königreicherben wirksam ist. Von der Liebe Gottes beseelt und angetrieben möchten sie alle Menschen mit Gott versöhnen und auf dem Weg des ewigen irdischen Lebens anleiten.

Ein weiteres Kennzeichen der gesalbten Königreichsklasse ist ihre Loyalität und Aufrichtigkeit. Der Apostel Johannes schreibt diesbezüglich in seinem ersten Brief in Kapitel 3, Vers 9: „Jeder, der aus Gott geboren ist, begeht nicht fortgesetzt Sünde, weil sein reproduktiver Same in einem solchen bleibt, und er kann nicht Sünde treiben, weil er aus Gott geboren worden ist". Ergänzend – in 1. Johannes 5, Vers 4: „Denn alles, was aus Gott geboren worden ist, besiegt die Welt. Und das ist die Siegesmacht, die die Welt besiegt hat: unser Glaube".

Der Schöpfer erkennt in den Wiedergeborenen christusähnliche Eigenschaften. Daher genießen sie sein volles Vertrauen und seine uneingeschränkte geistige Unterstützung. Daher segnet er sie mit einer bevorrechtigten Stellung in seinem Königreich, die sie als Freunde und enge Vertraute Gottes auszeichnet.

In Jeremia Kapitel 31, Vers 33 und Hebräer Kapitel 8, Vers 10 wird von Gottes berufenen Königreichsvertretern gesagt, Jehova habe ihnen seine Gesetze in den Sinn gelegt und sie in ihre Herzen eingeschrieben. Er sei ihr Gott und sie selbst seien sein auserwähltes Volk geworden.

Die frohe Königreichsbotschaft ist für sie eine Erlösungsbotschaft, die ihnen den geistigen Zugang zu Gott Vater und seiner überströmenden Liebe eröffnet hat. Darum brennen sie für sein Königreich; es ist ihre ganz große Liebe und Leidenschaft – Sinn, Zweck und Ziel ihres Lebens, sein Königreichsvorhaben auf der Erde zu verwirklichen. So hat Jehova Gott sein Königreichsvorhaben zu IHREM Königreichsvorhaben und seinen Eifer zu IHREM Eifer gemacht. Sie können und werden nicht eher ruhen bis Gerechtigkeit, Frieden und Liebe die Erde dominieren. In Gemeinschaft mit Christus Jesus, dem wunderbaren Ratgeber, starken Gott, Ewigvater und Fürst des Friedens, wird es für die Fülle ihrer fürstlichen Herrschaft und den Frieden auf der Erde kein Ende geben (Jesaja 9:6b-7a).

Schon die Grundpfeiler ihrer Königreichsherrschaft sind auf dem Fundament des Friedens aufgebaut: Wie Paulus in seinem Brief an die Philipper schreibt, hat Christus, obwohl er in Gottesgestalt existierte, keine gewaltsame Besitzergreifung in Betracht gezogen (Kapitel 2:6-11). Nachdem er den Loskaufspreis mit seinem vollkommenen Leben bezahlt hatte, wartete er annähernd 1900 Jahre zur Rechten Gottes, ehe ihm im Jahre 1914 himmlische Königreichsmacht verliehen werden konnte. Heute wartet er mit seinen gesalbten Königreichsvertretern auf das Ende der bestehenden

Weltordnung, um seine Königreichsherrschaft über die Erde auszudehnen (Philipper 2:6-11).

Wozu dieses Warten?

Christus Jesus und seine Mitberufenen sind Herrscher erlöster Herzen. Sie können ihren heiligenden Einfluss nur ausüben, wenn Christi Erlösungskraft über die Menschen wirksam geworden ist: Wenn die geistige Reife gekommen ist, an all das Gute zu glauben, das er für sie bereithält; wenn sie der neuen Ordnung und dem Heilsgeschehen sehnsüchtig und empfänglich entgegenfiebern; wenn ihre Herzenswünsche und Lebensziele mit dem Willen Gottes in Einklang gekommen sind; wenn Christus Jesus König ihrer Herzen geworden ist. Denn Gottes Königreich ist eine Regierung, der sich Menschen aus innerer Überzeugung und Hingabe anschließen. Sie haben erkannt, dass sie der messianischen Königreichsführung bedürfen, um ihr Leben dauerhaft in segensreiche Fahrwasser zu steuern und all die wunderbaren Verheißungen zu erlangen, die von Gott Vater für uns bestimmt sind.

Der Prophet Micha prophezeite über unsere Zeit vorausschauend: „Und es soll geschehen im Schlussteil der Tage, dass der Berg des Hauses Jehovas fest gegründet werden wird über dem Gipfel der Berge, und er wird gewisslich erhaben sein über die Hügel; und zu ihm sollen Völker strömen. Und viele Nationen werden gewisslich hingehen und sagen: „Kommt und lasst uns zum Berge Jehovas hinaufziehen und zum Hause des Gottes Jakobs; und er wird uns über seine Wege unterweisen und wir wollen auf seinen Pfaden wandeln. Denn von Zion wird das Gesetz ausgehen und das Wort Jehovas von Jerusalem" (Micha 4:1-2).

Was ist also die Gewähr dafür, dass die messianische Friedensherrschaft tatsächlich den verheißenen Frieden bringt?

Wir lesen es im obigen Bibelvers.

Ausschlaggebend dafür ist die Wertschätzung und Beachtung der Lebensleitlinien, die uns Jesus Christus für ein glückliches und friedvolles Miteinander gegeben hat: „Liebe deinen Nächsten wie dich selbst"; „daran werden alle erkennen, dass ihr meine Nachfolger seid, wenn ihr Liebe unter euch habt"; „fahrt fort eure Feinde zu lieben und für die zu beten, die euch verfolgen" (Matthäus 22:39; 5:44).

Die Wiederherstellungskraft Gottes, die unter der messianischen Königreichsregierung wirksam wird, wird Menschen beflügeln, den goldenen Lebensregeln Christi zu folgen und als Menschheitsfamilie zusammenzuwachsen. - Ja, wer den Wiederherstellungsgeist Gottes zu spüren bekommen hat und der Segnungen Gottes teilhaftig geworden ist; wer erfasst hat, was für ein einzigartiges, wunderbares Heilsgeschehen der Menschheit bevorsteht, der kann gar nicht anders, als sein Leben in den Dienst für Jehova Gott zu stellen, dankbar und überglücklich dabei mitzuwirken, sein Wiederherstellungsvorhaben auf der Erde zu verwirklichen. Sich auf dem christlichen Heilsweg (dem Weg des ewigen irdischen Lebens) weiterzuentwickeln und anderen zu helfen, christliche Etappenziele zu erreichen, dabei freigiebig und in jeder Hinsicht opferbereit zu sein ist das, was Menschen zusammenschweißt und eint.

Unter der messianischen Königreichsführung wird die Menschheit eine erstklassige christliche Lebensschule erhalten und in den gerechten Wegen Gottes unterwiesen werden. Denn Recht und Gerechtigkeit zu leben ist die Grundlage für den Frieden.

Gottes neue Welt- und Werteordnung

Jehova, der Allmächtige, verheißt uns in seinem Wort: „Siehe! Ich mache alle Dinge neu" (Offenbarung 21:5). Der Apostel Petrus konkretisiert das mit folgenden Worten: „Doch gibt es neue Himmel und eine neue Erde, die wir gemäß seiner Verheißung erwarten, und in diesen wird Gerechtigkeit wohnen" (2. Petrus 3:13).

Die „neuen Himmel" versinnbildlichen Gottes himmlische Königreichsregierung, durch die er sein Erlösungs- und Wiederherstellungsvorhaben auf der Erde verwirklichen wird. Seine Regierung besteht aus Christus und 144.000 weiteren Königreichserben, die der Schöpfer aus der Menschheit auserwählt und mit dem Heiligen Geist seiner Liebe versiegelt hat, damit sie seinen Willen auf der Erde souverän und würdig vertreten.

Die „neue Erde" versinnbildlicht Menschen, deren Herzen im Erlösungsgeschehen empfänglich gemacht worden sind, für ein segensreiches Leben unter der messianischen Königreichsregierung.

Eine von Gott kommende Regierung und eine erlöste Menschheit, die ihrem himmlischen Vater zugeneigt ist – in einer Weltordnung von heute? – Schwer vorstellbar! Gemäß der Verheißung Gottes, alle Dinge neu zumachen, wird auch seine Weltordnung auf einem völlig neuen Wertefundament fußen.

Wenn die alte Weltordnung zum Ende gekommen ist, die gegenwärtigen Himmel sinnbildlich mit zischendem Geräusch vergangen und die Elemente vor Gluthitze zerschmolzen sind, kann sich der Wertewandel sichtbar vollziehen, der in den Herzen der Menschen stattgefunden hat (2. Petrus 3:10).

Die gegenwärtige kapitalistische Weltordnung, die von materiellem Besitz-streben und Konkurrenzdenken geprägt ist, wird ihre Anziehungskraft ver-lieren und Platz machen für eine christliche Weltordnung, in der die Anbe-tung und die Heiligung des Namens Gottes oberste Priorität hat; in der geistige Dinge brillieren und Liebe die Antriebsfeder ist – eine Ordnung, die von Grundlegung der Welt an für die Menschheit bestimmt gewesen ist.

In Gottes neuer Weltordnung steht seine Schöpfung im Mittelpunkt des Geschehens und alle anderen kommerziellen und effizienzorientierten Wertmaßstäbe positionieren sich untergeordnet darum zu. Bei allen Ent-scheidungen geht es immer in erster Linie darum, der Schöpfung zu die-nen und den Lebensraum zu wahren, Gerechtigkeit zu wirken und Frieden zu stiften – gemäß dem Psalm 145, Vers 16: „Du öffnest deine Hand und sättigst das Begehren alles Lebenden".

In dieser Werteordnung des Lebens sind die christlichen Maßstäbe der Nächstenliebe und Vergebung zu Hause und es kann sich der Geist des Grundgesetzes (§1; die Würde des Menschen ist unantastbar) in vollem Umfang entfalten.

Alle, insbesondere aber Grundsatzentscheidungen, werden in der messia-nischen Weltregierung unter Gebet gestellt und entsprechen den Grunds-ätzen der Heiligen Schrift - insbesondere dem „Gesetz des Christus", sei-nen Lebensleitlinien der Nächstenliebe und Vergebung. Die besondere Nähe der geistgesalbten Regierungsmitglieder zu Jehova Gott und ihre Liebe zu seinen gerechten Maßstäben sind eine Garantie dafür, dass die getroffenen Entscheidungen seinem Willen entsprechen.

Um allen Entscheidungsträgern im Königreichsplenum zu vergegenwärtigen, dass Jehova Gott den Vorsitz einnimmt und Entscheidungen in seinem Namen an Christi statt getroffen werden, sollten zwei Sitzplätze symbolisch dem Thron Gottes und dem seines Christus vorbehalten sein. Haben alle himmlischen Königreichserben ihren irdischen Lauf beendet und werden durch christliche Fürsten aus der Menschheit vertreten, sollten 12 weitere Plätze symbolisch die Anwesenheit der 144.000 Mitkönige Jesu Christi darstellen.

Immer geht es darum, bei allen Entscheidungen von Bedeutung den Rat Gottes einzuholen bzw. zu ergründen und danach zu verfahren. Hierin geht seine gesalbte Dienerschaft führend voran. Sie dient als Mittler zwischen Jehova Gott und den Menschen und ist mit Christus Jesus, ihrem Haupt, sein Allheilmittel zur Erlösung und Rettung der Menschheit.

Schlusswort

Der Übergang in Gottes neue Weltordnung ist mit einem beschwerlichen Geburtsgeschehen vergleichbar, dessen Wehen auf alle Menschen ausstrahlen. Auch die Heilige Schrift zieht Parallelen zu einem Geburtsgeschehen, wenn vom „Kommen" des Königreiches Gottes die Rede ist (Matthäus 24:8, Johannes 16:20-23 u. 12-15, Offenbarung 12:1-6, Jesaja 66:8).

Wie kommt man am besten durch diese unruhevolle Zeit?

Indem man es einer Schwangeren gleichtut, die, obwohl die Stunde des Geburtsschmerzes naht, in der Vorfreude künftiger Dinge lebt.

So sollten auch wir uns gedanklich nicht vereinnahmen lassen von der relativ kurzen Zeitspanne der Bedrängnis, mit der sich die „alte" Weltordnung von uns verabschieden wird, sondern unseren Blick auf die ewig währenden Segnungen unter der messianischen Friedensherrschaft gerichtet halten.

Mehr als acht Milliarden Menschen leben auf der Erde; und die Zerstrittenheit unter den Nationen ist groß.

Wie können die nationalen, politischen und religiösen Gräben überwunden werden und wir als Menschheitsfamilie zusammenwachsen?

Indem wir im Königreichsglauben vereint, Gottes Wiederherstellungsvorhaben auf der Erde verwirklichen und damit uns selber dienen. Indem wir uns Kraft des Erlösungswirkens Christi in den Dienst für Gott rufen und berufen lassen und uns gegenseitig unterstützen und motivieren auf dem christlichen Heilsweg. So ist es im Urchristentum des ersten Jahrhunderts gewesen, das Jesus Christus durch seinen Opfertod begründet hat. Alle Gläubigen gaben ihr Einzelkämpfertun auf und standen gemeinsam für ihren Königreichsglauben und die Verkündigung ein. Die Liebe Gottes, die durch Christus wirksam wurde, beseitigte alle Barrieren und vereinte Menschen aller Hautfarben, Herkunft und Religion. In Apostelgeschichte 4, Verse 32, 34-35 heißt es dazu: „Überdies war die Menge der gläubig Gewordenen e i n Herz und e i n e Seele, und kein einziger sagte, dass irgendetwas von seinem Besitz sein eigen sei; sondern sie hatten alles gemeinsam. In der Tat, nicht einer von ihnen litt Not; denn alle die Besitzer ...“

Auch heute gibt es mit der Glaubensgemeinschaft der Zeugen Jehovas eine religiöse Organisation, die ihren Glauben nach urchristlichem Vorbild ausübt. Gemäß Jesaja Kapitel 2, Verse 1-4 lassen sich alle Gläubigen „über die gerechten Wege Gottes unterweisen und wandeln auf seinen Pfaden". Sie begegnen sich in Liebe und sind nicht mehr bereit, den Krieg zu lernen. Als weltweite internationale Bruderschaft dienen sie, im Königreichsglauben vereint, dem Frieden und verkörpern die wahre christliche Religion, die Gottes Namen heiligt und in Reinheit erstrahlen lässt. Mehr als 8 Millionen Fußstapfennachfolger Jesu Christi leben ihren christlichen Glauben und beweisen tagtäglich, dass ein friedliches und konstruktives Miteinander von Menschen aller Hautfarben und Kulturen möglich ist.

Eine Vorschau auf das nahende Erlösungs- und Heilsgeschehen, wenn Menschen aller Nationen in großem Umfang geeint werden, um Gottes einzigartiges Wiederherstellungsvorhaben auf der Erde zu verwirklichen (Offenbarung 7:9-10,14-17, Micha 4:1-4).

„So komm Gott Vater

und erlöse uns von dem Bösen.

Denn Dein ist das Reich und die Kraft

und die Herrlichkeit in Ewigkeit.

Amen."

Quellenverzeichnis

In diesem Buch wird Bezug genommen auf Studienmaterial der Wachtturm Bibel- und Traktat Ges. e.V., Selters/Taunus:

Bücher:

Dein Königreich komme, von 1981

Du kannst für immer im Paradies auf Erden leben, v. 1982

Die Offenbarung – Ihr großartiger Höhepunkt ist nahe! v. 1988

Die Prophezeiung Daniels. Achte darauf! v. 1999.

Einsichten über die Heilige Schrift, von 1992
Band 1, Seite 490

Wachtturmausgaben:

15.10.2014
Seite 7-12, 13-17, Studienartikel:
Fest an das Königreich glauben
Ihr werdet „ein Königtum von Priestern"

15.03.2009

Seite 15-19, Studienartikel:

Seid wachsam, das Ende aller Dinge...hat sich genaht

01.08.2010

Ist das Ende nahe? Seite 3-9

01.02.2012

Harmagedon- Was ist damit gemeint... Seite 3-9

15.09.2012

Seite 3-7, Studienartikel:

Wie wird das heutige System untergehen?

Die verwendete Bibelübersetzung ist, wenn nicht anders angegeben, die Neue Welt-Übersetzung der Heiligen Schrift von 1971.

Ansonsten:

Die Luther- Übersetzung der Deutschen Bibelgesellschaft von 1999

Dank

Danken möchte ich der Glaubensgemeinschaft der Zeugen Jehovas in Lübbecke und Bünde, die mich immer freundlich aufgenommen und mit Studienmaterial versorgt haben.

Danken möchte ich auch meinem Arbeitgeber und meiner Abteilungsleiterin „mit Herz", die mir den Sonderurlaub für meine christlichen Aktivitäten ermöglicht haben.

Auch meiner Zwillingsschwester danke ich, die mit ihrem Erlösungsgeschehen Pate gestanden hat für die Entschlüsselung der Offenbarung und die vollständige Erkenntnis des Erlösungs- und Heilsvorhabens Gottes.

Auch allen, die mich zukünftig noch unterstützen werden – in welcher Form auch immer – sage ich DANKE und ein von Herzen kommendes „VERGELTS GOTT".

Birgit Knefelkamp

Lübbecke, den 27.12.2019

Zur Autorin

Birgit Knefelkamp wurde 1961 in Bünde/Westfalen geboren. Von Beruf ist sie Bankangestellte und in ihrer Freizeit christlich und sozial engagiert.

Im Alter von 23 Jahren erlebte sie, wie die frohe Botschaft des Evangeliums augenblicklich eine Lebenskrise beendete und ihr zu einer wunderbar positiven Grundeinstellung verhalf.

Einige Jahre später wurde ihre Zwillingsschwester durch das Praktizieren geistiger Heilslehren von mehreren chronischen Krankheiten geheilt.

Für Frau Knefelkamp steht fest, dass beide ein wahres Erlösungsgeschehen erlebt haben, durch das sie Gott Vater ganz nahe gekommen sind. Wenn das Herz nur offen und empfänglich genug ist, so sagt sie, dann könne das christliche Evangelium vom Heilwerden wahre Wunder wirken.

Dass wir heute in der epochalen Zeit der Erlösung und Neuausrichtung stehen, davon ist sie nach 33 Jahren Bibelstudien- und Auslegungsarbeit fest überzeugt.

Gestützt auf Schlüsselerlebnisse ihres Erlösungsgeschehens und die ihrer Schwester ist es ihr mit diesem Buch gelungen, eine bemerkenswerte Vorschau auf das nun bald beginnende globale Erlösungsgeschehen der Menschheit zu werfen.